30 #1 HITS

heartbreak hotel 2

don't be cruel 4

hound dog 6

love me tender 8

too much 10

all shook up 12

(let me be your) teddy bear 14

jailhouse rock 16

don't 18

hard headed woman 20

one night 22

(now and then there's) a fool such as i 24

a big hunk o' love 26

stuck on you 28

it's now or never 30

are you lonesome tonight? 32

wooden heart 34

surrender 36

(marie's the name) his latest flame 38

can't help falling in love 40

good luck charm 42

she's not you 44

return to sender 46

(you're the) devil in disguise 48

crying in the chapel 50

in the ghetto 52

suspicious minds 54

the wonder of you 56

burning love 58

way down 60

a little less conversation 62

playing guide 64

Exclusive distributors:
Music Sales Limited
8/9 Frith Street, London W1D 3JB, England.
Music Sales Pty Limited
120 Rothschild Avenue, Rosebery, NSW 2018, Australia.

Order No. AM975997
ISBN 0-7119-9753-5
This book © Copyright 2002 by Wise Publications.

Unauthorised reproduction of any part of this
publication by any means including photocopying
is an infringement of copyright.

Printed in the United Kingdom by
Caligraving Limited, Thetford, Norfolk.

www.musicsales.com

Your Guarantee of Quality:

As publishers, we strive to produce every book
to the highest commercial standards.

Particular care has been given to specifying
acid-free, neutral-sized paper made from pulps which
have not been elemental chlorine bleached.

This pulp is from farmed sustainable forests and
was produced with special regard for the environment.

Throughout, the printing and binding have been
planned to ensure a sturdy, attractive publication
which should give years of enjoyment.

If your copy fails to meet our high standards,
please inform us and we will gladly replace it.

This publication is not authorised for sale
in the United States of America and / or Canada

Wise Publications
London/New York/Paris/Sydney/Copenhagen/Berlin/Madrid/Tokyo

Heartbreak Hotel

Words & Music by
Mae Boren Axton, Tommy Durden & Elvis Presley

E   A   B   A7   B7   fr8 Fmaj7   fr7 Emaj7

Verse 1

N.C.   (E)
Well since my baby left me,

N.C.   (E)
Well I've found a new place to dwell,

N.C.
But it's down at the end of Lonely Street,

At Heartbreak Hotel, where I'll be…

Chorus 1

(A)
 I'll be so lonely, baby,

I may get so lonely,

(B)   (E)
I may get so lonely I could die.

Verse 2

N.C.   (E)
Although it's always crowded

N.C.   (E)
You still can find some room

N.C.
For broken-hearted lovers

To cry there in the gloom.

Chorus 2

A7
Well they get so lonely, baby,

Well they get so lonely,

B7   E
They'll get so lonely they could die.

	N.C.	(E)
Verse 3	Now the bell-hop's tears keep flowing	

N.C.   **(E)**

Verse 3

N.C.   **(E)**
Now the bell-hop's tears keep flowing

N.C.   **(E)**
And the desk-clerk's dressed in black,

N.C.
Well they've been so long on Lonely Street

They'll never, never look back.

Chorus 3   As Chorus 2

N.C.   **(E)**

Verse 4   Well if your baby leaves you

N.C.   **(E)**
And you've got a tale to tell,

N.C.
Well just take a walk down Lonely Street

To Heartbreak Hotel, where you will be…

A7

Chorus 4   Well you'll be so lonely, baby,

You'll be lonely,

B7   **E**
You'll be so lonely you could die.

Solo

E	E	E	E	
A7	A7	B7	E	

Verse 5   As Verse 2

A7

Chorus 5   Well they get so lonely, baby,

Well they get so lonely,

B7   **E**   **Fmaj7**   **Emaj7**
Where they'll be so lonely they could die.

Don't Be Cruel

Words & Music by
Otis Blackwell & Elvis Presley

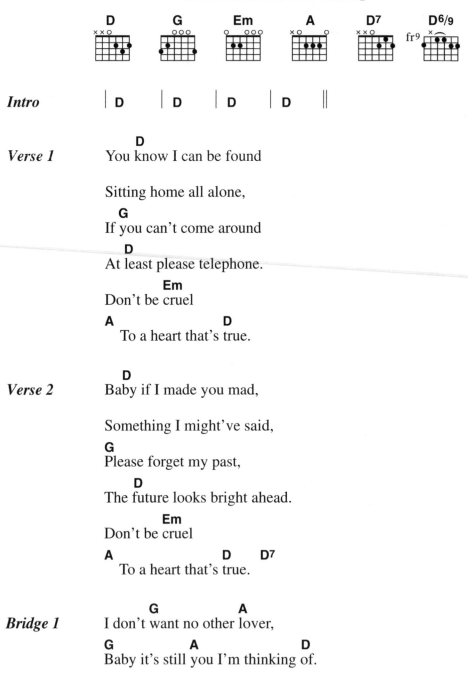

Intro | D | D | D | D ||

Verse 1

      D
You know I can be found

Sitting home all alone,
 G
If you can't come around
    D
At least please telephone.
           Em
Don't be cruel
A   **D**
  To a heart that's true.

Verse 2

    D
Baby if I made you mad,

Something I might've said,
G
Please forget my past,
     D
The future looks bright ahead.
         Em
Don't be cruel
A   **D**   **D7**
  To a heart that's true.

Bridge 1

        G   **A**
I don't want no other lover,
G   **A**   **D**
Baby it's still you I'm thinking of.

Verse 3

(D)
Don't stop thinking of me,

Don't make me feel this way,

  G
C'mon over here and love me,

    D
You know I wanted you to say

     Em
Don't be cruel

A   **D**   **D7**
  To a heart that's true.

Bridge 2

     G   **A**
Why should we be apart?

   G   **A**   **D**
I really love you baby, cross my heart.

Verse 4

(D)
Let's walk up to the preacher,

And let's us say 'I do,'
G
Then you'll know you'll have me,

   D
And I know that I'll have you.

     Em
Don't be cruel

A   **D**   **D7**
  To a heart that's true.

Bridge 3   As Bridge 1

Tag

     Em
Don't be cruel

A   **D**
  To a heart that's true.

     Em
Don't be cruel

A   **D**   **D7**
  To a heart that's true.

Bridge 4

     G   **A**
I don't want no other lover,

G   **A**   **D**   **D6/9**
Baby it's still you I'm thinking of.

Hound Dog

Words & Music by
Jerry Leiber & Mike Stoller

C   F7   G fr3   F   D♭ fr9   C* fr8

Chorus 1

    N.C.   C
You ain't nothing but a hound dog, crying all the time.
                             F7   C
You ain't nothing but a hound dog, crying all the time.
                  G
Well, you ain't never caught a rabbit
              F   C
And you ain't no friend of mine.

Verse 1

    N.C.   C
Well they said you was high class, well that was just a lie,
                          F7   C
Yeah they said you was high class, well that was just a lie.
                  G
Yeah, you ain't never caught a rabbit
              F   C
And you ain't no friend of mine.

Chorus 2   As Chorus 1

Solo | C | C | C | C | F7 | F7 |

             | C | C | G | F | C | C ||

Verse 2

                    C
Well they said you was high class, well that was just a lie,
                          F7   C
Yeah they said you was high class, well that was just a lie.
                  G
Yeah, you ain't never caught a rabbit
              F   C
And you ain't no friend of mine.

Solo | C | C | C | C | F7 | F7 |

| C | C | G | F | C | C ‖

Verse 3
                                         C
Well they said you was high class, well that was just a lie,
                                    F7   **C**
You know they said you was high class, well that was just a lie.
                         G
Yeah, you ain't never caught a rabbit
N.C.   **C**
You ain't no friend of mine.

Chorus 3
N.C.   **C**
You ain't nothing but a hound dog, crying all the time.
                              F7   **C**
You ain't nothing but a hound dog, crying all the time.
                         G
Well, you ain't never caught a rabbit
               F   **C**   **D♭ C***
And you ain't no friend of mine.

Love Me Tender

Words & Music by
Elvis Presley & Vera Matson

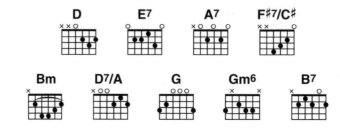

Intro | D ‖

Verse 1
D   E⁷
Love me tender,   love me sweet,
A⁷   D
Never let me go.

                    E⁷
You have made my life complete
A⁷   D
And I love you so.

Chorus 1
           F♯⁷/C♯   Bm   D⁷/A
Love me tender, love me true,
G   Gm⁶   D
All my dreams fulfilled.
          B⁷   E⁷
For my darling I love you
A⁷   D
And I always will.

Verse 2
D   E⁷
Love me tender, love me long,
A⁷   D
Take me to your heart.
                 E⁷
For it's there that I belong
A⁷   D
And will never part.

Chorus 2

               F♯7/C♯ Bm   **D7/A**
Love me tender, love me true,

G   **Gm6**   **D**
All my dreams fulfilled.

           B7   **E7**
For my darling I love you

A7   **D**
And I always will.

Verse 3

D   **E7**
Love me tender, love me dear,

A7   **D**
Tell me you are mine.

                  E7
I'll be yours through all the years

A7   **D**
Till the end of time.

Chorus 3

               F♯7/C♯ Bm   **D7/A**
Love me tender, love me true,

G   **Gm6**   **D**
All my dreams fulfilled.

           B7   **E7**
For my darling I love you

A7   **D**
And I always will.

Too Much

Words & Music by
Lee Rosenberg & Bernard Weinman

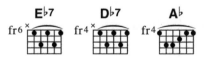

Tune guitar slightly sharp

Intro | E♭7 | D♭7 | A♭ | A♭   ‖

Verse 1
A♭
Well Honey, I love you too much,

I need your lovin' too much;
D♭7
Want the thrill of your touch,
A♭
Gee, I can't love you too much.
E♭7
You do all the livin'
    D♭7
While I do all the givin'
     A♭   E♭7
'Cause I love you too much.

Verse 2
A♭
Well you spend all my money too much,

I have to share you honey, too much.
D♭7
 When I want some lovin', you're gone.
A♭
Don't you know you're treatin' your Daddy wrong.
E♭7
Now you got me started
     D♭7
Don't you leave me broken hearted
     A♭   E♭7
'Cause I love you too much.

Verse 3

A♭7
I need your lovin' all the time,

Need your huggin', please be mine.
D♭7
Need you near me, stay real close.
A♭
Please, please, hear me, you're the most.
E♭7   D♭7
Now you got me started don't you leave me broken hearted
            A♭   E♭7
'Cause I love you too much.

Solo | A♭ | A♭ | A♭ | A♭ | D♭7 | D♭7 |

         | A♭ | A♭ | E♭7 | D♭7 | A♭ | A♭ ||

Verse 4

A♭
Ev'ry time I kiss your sweet lips

I can feel my heart go flip flip.
D♭7
I'm such a fool for your charms,
A♭
Take me back a-baby in your arms.
E♭7   D♭7
Like to hear you sighin' even though I know you're lyin'
            A♭   E♭7
'Cause I love you too much.

Verse 5

A♭7
I need your lovin' all the time,

Need your huggin', please be mine.
D♭7
Need you near me, stay real close.
A♭
Please, please, hear me, you're the most.
E♭7   D♭7
Now you got me started don't you leave me broken-hearted
            A♭
'Cause I love you too much.

All Shook Up

Words & Music by
Otis Blackwell & Elvis Presley

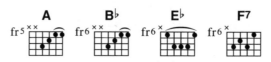

Intro

A | B♭   A | B♭   A | B♭   A | B♭

Verse 1

   A B♭   **A B♭**
Well bless my soul what's wrong with me?

   A B♭   **A B♭**
I'm itching like a man on a fuzzy tree,

   A B♭   **A B♭**
My friends say I'm acting wild as a bug,

           N.C.
I'm in love: I'm all shook up.

      E♭   **F7**   **B♭**
Uh-huh-huh, uh-huh, yeah,   yeah, yeah.

Verse 2

   A B♭   **A B♭**
Well my hands are shaking and my   knees are weak,

A B♭   **A B♭**
I can't seem to stand on my   own two feet.

A B♭   **A B♭**
 Who do you think when you have such luck?

          N.C.
I'm in love: I'm all shook up.

      E♭   **F7**   **B♭**
Uh-huh-huh, uh-huh, yeah,   yeah, yeah.

Bridge 1

     E♭
Well please don't ask me what's on my mind,

    B♭
I'm a little mixed up but I feel fine.

     E♭
Well I met a girl that I love best,

   F7   **N.C.**
My heart beats so that it scares me to death.

Verse 3

          A   Bb   **A Bb**
When she   touch my hand, what a   chill I got,

   A   Bb   **A Bb**
Her   lips are like a vol - cano that's hot,

 A   Bb   **A Bb**
   I'm proud to say she's my   buttercup.

               N.C.
I'm in love: I'm all shook up.

          Eb   **F7**   **Bb**
Uh-huh-huh, uh-huh, yeah,   yeah, yeah.

Bridge 2

          Eb
My tongue gets tired when I try to speak,

        Bb
My insides shake like a leaf on a tree,

         Eb
There's only one cure for this body of mine,

         F7   **N.C.**
That's to have that girl and a love so fine.

Verse 4   As Verse 3

          Eb   **F**   **Bb**
Uh-huh-huh, uh-huh, yeah, yeah, yeah.

          Eb   **F**   **Bb**
Uh-huh-huh, uh-huh, yeah, yeah,

I'm all shook up.

(Let Me Be Your) Teddy Bear

Words & Music by
Kal Mann & Bernie Lowe

Intro

| G9 F#9 F9 F#9 | G9 ‖

Verse 1

C
Baby let me be your loving teddy bear,
F
Put a chain around my neck
          C
And lead me anywhere,
        Dm7   G7
Oh let me be (oh let him be)
N.C.   C
Your teddy bear.

Bridge 1

        F   G7
I don't wanna be your tiger
          F   G7
'Cause tigers play too rough.
        F   G7
I don't wanna be your lion
          F   G7   C
'Cause lions ain't the kind you love enough.

Verse 2

C
I just wanna be your teddy bear,
F
Put a chain around my neck
          C
And lead me anywhere,
          Dm7   G7
Oh let me be (oh let him be)
N.C.   C
Your teddy bear.

                   C
Verse 3   Baby let me be around you every night,
                   F
             Run your fingers through my hair

                                 C
             And cuddle me real tight.

                          Dm⁷   **G⁷**
             Oh let me be (oh let him be)
             N.C.   **C**
             Your teddy bear.

Bridge 2   As Bridge 1

                                 C
Verse 4   Just wanna be your teddy bear,
                   F
             Put a chain around my neck

                               C
             And lead me anywhere.

                          Dm⁷   **G⁷**
             Oh let me be (oh let him be)
             N.C.   **C**
             Your teddy bear

                          G⁷
             Oh let me be (oh let him be)

                               C
             Your teddy bear. ___
             (C)
             I just wanna be your teddy bear.

Jailhouse Rock

Words & Music by
Jerry Leiber & Mike Stoller

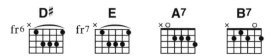

Tune guitar down one semitone

Intro | D♯ | E   D♯ | E   D♯ ‖

Verse 1
        E
Warden threw a party in the County jail:
D♯   E
The prison band was there, they began to wail;
D♯   E
The band was jumpin' and the drummer began to swing,
D♯   E   N.C.
You should've heard those knocked-out jail-birds sing.

Chorus 1
     A7   E
Let's rock, everybody let's rock.
     B7   A7
Everybody in the whole cell block
     E
Was dancing to the jailhouse rock.

Verse 2
     D♯ E
Spider Murphy played his tenor saxophone,
D♯ E
Little Joe was blowin' on the slide trombone.
D♯   E
The drummer brought from Illinois went crash boom bang,
D♯   E   N.C.
The whole rhythm section was a purple gang.

Chorus 2   As Chorus 1

Verse 3
         D♯ E
         Number forty seven said to number three
         D♯   E
         Are you the cutest jail-bird I ever did see.
         D♯ E
         I sure would be delighted with your company,
         D♯   E   N.C.
         C'mon and do the jailhouse rock with me.

Chorus 3
         A7   **E**
         Let's rock, everybody let's rock.
         B7   **A7**
         Everybody in the whole cell block
         E
         Was dancing to the jailhouse rock.

         Rock, rock!

Instrumental | **A7** | **A7** | **E** | **E** | **B7** | **A7** | **E** | **E** ‖

Verse 4
         D♯   E
         The sad sack was sitting on a block of stone
         D♯   E
         Way over in the corner weeping all alone.
         D♯   E
         The warden said, "Hey, Buddy, don't you be no square:
         D♯   E   N.C.
         If you can't find a partner use a wooden chair."

Chorus 4   As Chorus 1

Verse 5
         D♯ E
         Shifty Henry said, "Hey, Bug's for heaven's sake,
         D♯   E
         No-one's looking out, now's our chance to make a break."
         D♯ E
         Bugsy turned to Shifty and he said, "Nix, nix,
         D♯   E   N.C.
         I wanna stick around awhile and get my kicks."

Chorus 5   As Chorus 1

Coda
         ‖: **D♯ E**
             Dancing to the jailhouse rock. :‖ *Repeat to fade*

Don't

**Words & Music by
Jerry Leiber & Mike Stoller**

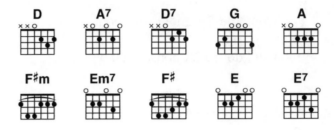

Verse 1

D   A⁷
Don't (don't), don't (don't),

D⁷   G
That's what you say

A D   F♯m   Em⁷ A⁷
Each time that I hold you this way.

         D
When I feel like this

D⁷   G   Em⁷
And I want to kiss you, baby,

A   D
Don't say don't.

Em⁷ A⁷
(Don't, don't.)

Verse 2

D   A⁷
Don't (don't), don't (don't),

D⁷   G
Leave my embrace

A D   F♯m   Em⁷ A⁷
For here in my arms is your place.

         D
When the night grows cold

D⁷   G   Em⁷
And I want to hold you baby

A   D
Don't say don't.

         D⁷
(Don't, don't, don't, don't.) ____

Bridge

<pre>
G   F♯
If you think that this
     G   A   D   D7
Is just a   game I'm playing,
E
If you think that
               A   E7   A7
I don't mean every word I'm saying.
</pre>

Verse 3

<pre>
D   A7
Don't (don't), don't (don't)
D7   G
Don't feel that way.
A   D   F♯m   Em7   A7
I'm your love and yours I will stay
                 D
This you can believe:
        D7   G
I will never leave you,
Em7   A   D   Em7
Heaven knows I won't,
A7   D
Baby, don't say don't.
  G   D
(Don't, please don't.)
</pre>

Hard Headed Woman

Words & Music by
Claude De Metruis

Verse 1

N.C.   C   N.C.
Well, a hard-headed woman,

C   N.C.
Soft-hearted man

C   N.C.
Been a- causin' trouble ever since the world began.

Chorus 1

      F7   C
Oh yeah, ever since the world began, a-ha-hoo.

      G7   F7   C
A hard-headed woman's been a thorn in the side of man.

A-ha-hoo.

Verse 2

C   N.C
Adam told Eve,

     C   N.C.
Listen hear to me,

C   N.C.
Don't you let me catch you messin' round that apple tree.

Chorus 2   As Chorus 1

Solo | (C) | (C) | (C) | (C) ||

Chorus 3   As Chorus 1

Verse 3

C   N.C
Samson told Delilah
C   N.C.
Loud and clear:
C   N.C.
Keep your cotton-pickin' fingers out my curly hair.

Chorus 4   As Chorus 1

Verse 4

    C   N.C
I heard about a king
        C N.C.
Who was   doing swell
C   N.C.
Till he started playing with that evil Jezebel.

Chorus 5   As Chorus 1

Solo

| (C) | (C) | (C) | (C) | F7 | F7 | |
| C | C | G7 | F7 | C | C | ‖ |

Verse 5

C N.C
I got a woman,
    C   N.C.
A head like a rock,
C N.C.
If she ever went away I'd cry around the clock.

Chorus 6

    F7   C
Oh yeah, ever since the world began, a-ha-hoo.
    G7   F7   C
A hard-headed woman been a thorn in the side of man.

A-ha-hoo.
    G7   F7   G7   C
A hard-headed woman been a thorn in the side of man. _____

A-ha-hoo.

One Night

Words & Music by
Dave Bartholomew, Pearl King & Anita Steiman

E	B7	E7	A	F#

Intro | E   B7 | E ||

Verse 1

N.C.   **E**
One night with you
        B7
Is what I'm now praying for,

The things that we two could plan
                        E
Would make my dreams come true.

Verse 2

N.C.   **E**
Just call my name
        B7
And I'll be right by your side,

I want your sweet helping hand,
              E   **E7**
My love's too strong to hide.

Bridge 1

A
    Always lived very quiet life:
E
    I ain't never did no wrong.
F#
    Now I know that life without you
    B7   **N.C.**
Has been too lonely too long.

Verse 3	**N.C.** **E** One night with you

N.C.   **E**

Verse 3   One night with you

        B7

Is what I'm now praying for,

The things that we two could plan

                 E   **E7**

Would make my dreams come true.

     A

Bridge 2   Always lived very quiet life:

     E

   I ain't never did no wrong.

     F♯

   Now I know that life without you

      B7   **N.C.**

Has been too lonely too long.

     N.C.   **E**

Verse 4   One night with you

        B7

Is what I'm now praying for,

The things that we two could plan

N.C.   **E** **A** **E** **B7** **E7**

Would make my dreams come true. _____

(Now And Then There's) A Fool Such As I

Words & Music by
Bill Trader

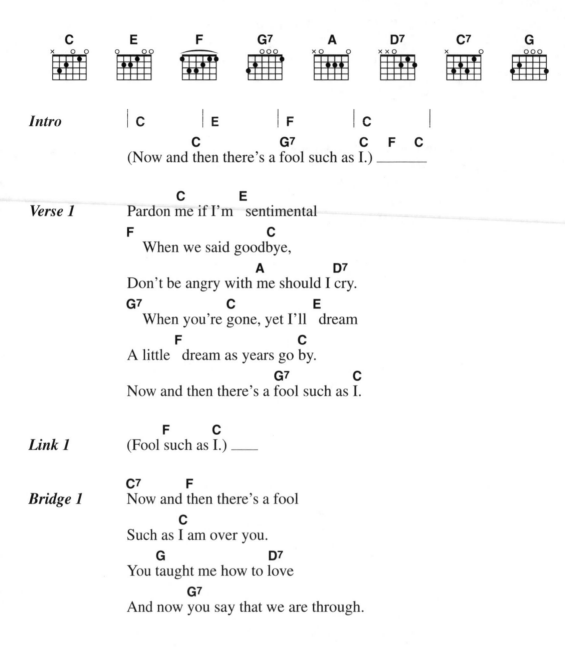

Intro | C | E | F | C |

                     C   G7   C F C
(Now and then there's a fool such as I.) _____

Verse 1
                    C   E
Pardon me if I'm sentimental
F   C
   When we said goodbye,
                      A   D7
Don't be angry with me should I cry.
G7   C   E
   When you're gone, yet I'll dream
               F   C
A little   dream as years go by.
                        G7   C
Now and then there's a fool such as I.

Link 1
             F   C
(Fool such as I.) _____

Bridge 1
C7   F
Now and then there's a fool
           C
Such as I am over you.
         G   D7
You taught me how to love
            G7
And now you say that we are through.

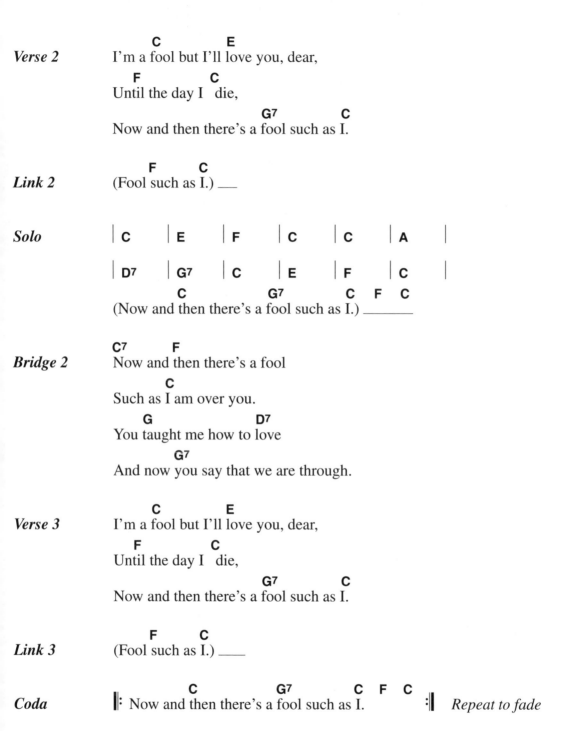

Verse 2

        C   E
I'm a fool but I'll love you, dear,

    F   C
Until the day I die,

                    G7   C
Now and then there's a fool such as I.

Link 2

        F   C
(Fool such as I.) __

Solo

| C | E | F | C | C | A | |
| D7 | G7 | C | E | F | C | |

        C   G7   C F C
(Now and then there's a fool such as I.) _____

Bridge 2

C7   F
Now and then there's a fool

          C
Such as I am over you.

      G   D7
You taught me how to love

          G7
And now you say that we are through.

Verse 3

        C   E
I'm a fool but I'll love you, dear,

    F   C
Until the day I die,

                    G7   C
Now and then there's a fool such as I.

Link 3

        F   C
(Fool such as I.) ___

Coda

              C   G7   C F C
‖: Now and then there's a fool such as I.   :‖ *Repeat to fade*

A Big Hunk O' Love

Words & Music by
Aaron Schroeder & Sid Wyche

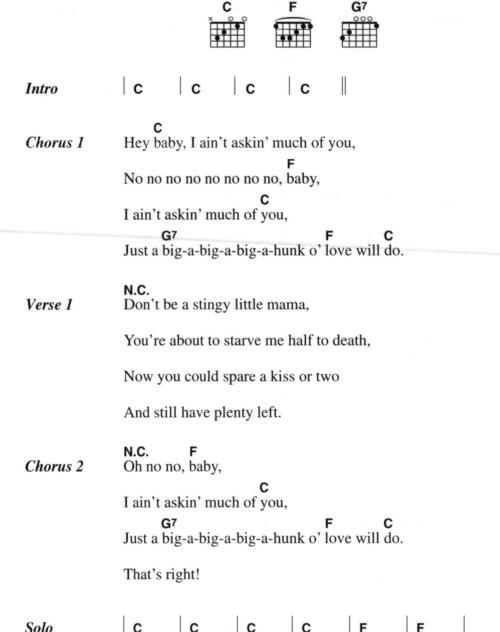

Intro | C | C | C | C   ‖

Chorus 1

      C
Hey baby, I ain't askin' much of you,

                     F
No no no no no no no no, baby,

               C
I ain't askin' much of you,

    G⁷   F   C
Just a big-a-big-a-big-a-hunk o' love will do.

Verse 1

N.C.
Don't be a stingy little mama,

You're about to starve me half to death,

Now you could spare a kiss or two

And still have plenty left.

Chorus 2

N.C.   F
Oh no no, baby,

               C
I ain't askin' much of you,

    G⁷   F   C
Just a big-a-big-a-big-a-hunk o' love will do.

That's right!

Solo | C | C | C | C | F | F |

              | C | C | G⁷ | F | C | C   ‖

Verse 2

N.C.
You're just a natural-born beehive

Filled with honey to the top,

But I ain't greedy baby,

All I want is all you've got.

Chorus 3

N.C.   F
Oh no no, baby,

                     C
I ain't askin' much of you,

        G7   F   C
Just a big-a-big-a-big-a-hunk o' love will do.

Solo

C	C	C	C	F	F	
C	C	G7	F	C	C	

Verse 3

N.C.
I got a wishbone in my pocket,

I got a rabbit's foot 'round my wrist

And I'd have everything my lucky charms could bring

If you give me just one sweet kiss.

Chorus 4

N.C.   F
Oh, no no no no no no, baby,

                     C
I ain't askin' much of you,

        G7   F   C
Just a big-a-big-a-big-a-hunk o' love will do.

That's right!

Coda

        G7   F   C
‖: Just a big-a-big-a-big-a-hunk o' love will do,

That's right!   :‖   *Repeat to fade*

Stuck On You

Words & Music by
Aaron Schroeder & J. Leslie McFarland

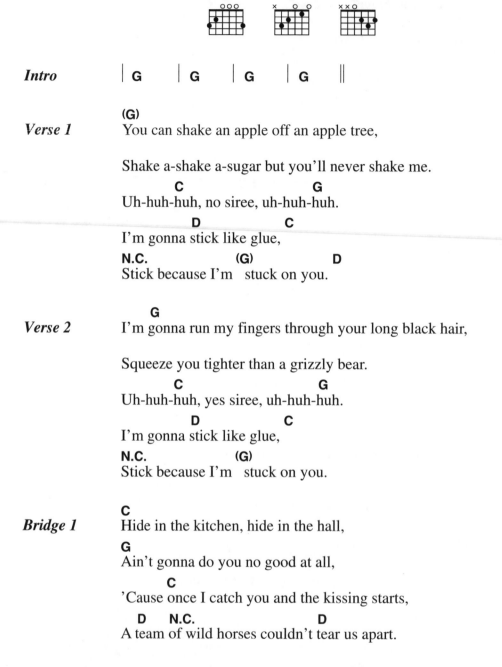

Intro | G | G | G | G ||

Verse 1

(G)
You can shake an apple off an apple tree,

Shake a-shake a-sugar but you'll never shake me.
    C   **G**
Uh-huh-huh, no siree, uh-huh-huh.
       D   **C**
I'm gonna stick like glue,
N.C.   **(G)**   **D**
Stick because I'm   stuck on you.

Verse 2

       G
I'm gonna run my fingers through your long black hair,

Squeeze you tighter than a grizzly bear.
    C   **G**
Uh-huh-huh, yes siree, uh-huh-huh.
       D   **C**
I'm gonna stick like glue,
N.C.   **(G)**
Stick because I'm   stuck on you.

Bridge 1

C
Hide in the kitchen, hide in the hall,
G
Ain't gonna do you no good at all,
     C
'Cause once I catch you and the kissing starts,
    D   **N.C.**   **D**
A team of wild horses couldn't tear us apart.

Verse 3   **G**
I thought I'd take a tiger from this Daddy's side,

That's how love is gonna keep us tied,
            C   **G**
Uh-huh-huh, uh-huh-huh, oh yeah.
            D   **C**
I'm gonna stick like glue,
N.C.   **(G)**
Stick because I'm   stuck on you.

Bridge 2   As Bridge 1

Verse 4   **G**
I thought I'd take a tiger from this Daddy's side,

That's how love is gonna keep us tied,
            C   **G**
Uh-huh-huh, yes siree,uh-huh-huh.
            D   **C**
I'm gonna stick like glue,
N.C.   **(G)**
Stick because I'm   stuck on you.
            D   **C**
I'm gonna stick like glue,
N.C.   **(G)**
Stick because I'm   stuck on you.

It's Now Or Never

Original Words by Giovanni Capurro
Music by E. di Capua
English Words by Aaron Schroeder & Wally Gold

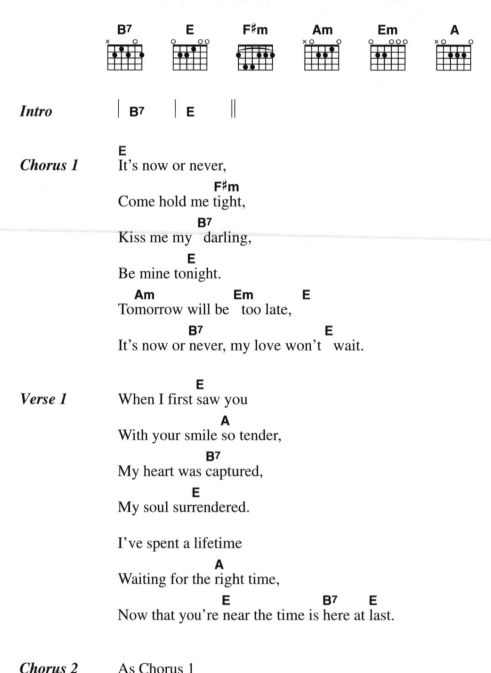

Intro | **B7** | **E** ||

Chorus 1

    E
It's now or never,

    F♯m
Come hold me tight,

    B7
Kiss me my   darling,

    E
Be mine tonight.

 Am   **Em**   **E**
Tomorrow will be   too late,

    B7   **E**
It's now or never, my love won't   wait.

Verse 1

    E
When I first saw you

    A
With your smile so tender,

    B7
My heart was captured,

    E
My soul surrendered.

I've spent a lifetime

    A
Waiting for the right time,

    E   **B7** **E**
Now that you're near the time is here at last.

Chorus 2   As Chorus 1

Verse 2

          E
Just like a willow

                A
We would cry an ocean,

         B7
If we lost true love

             E
And sweet devotion.

Your lips excite me,

              A
Let your arms invite me,

             E   B7   E
For who knows when we'll meet again this way.

Chorus 3

N.C.   F#m
It's now or never,

                F#m
Come hold me tight,

          B7
Kiss me my   darling,

             E
Be mine tonight.

  Am   Em   E
Tomorrow will be   too late,

          B7   E
It's now or never, my love won't wait.

          B7   E
It's now or never, my love won't wait.

N.C.   E
It's now or never, my love won't wait.

          B7   E
It's now or never, my love won't wait.

Are You Lonesome Tonight?

Words & Music by
Roy Turk & Lou Handman

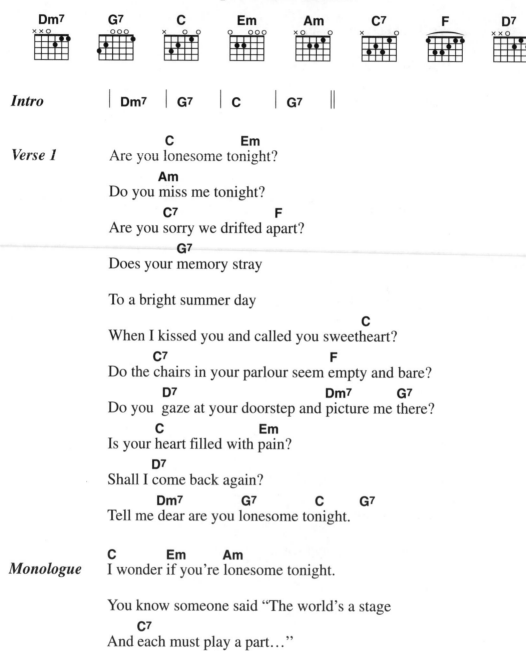

Dm7   G7   C   Em   Am   C7   F   D7

Intro | Dm7 | G7 | C | G7 ||

Verse 1

     C   Em
Are you lonesome tonight?
   Am
Do you miss me tonight?
   C7   F
Are you sorry we drifted apart?
       G7
Does your memory stray

To a bright summer day

              C
When I kissed you and called you sweetheart?
   C7   F
Do the chairs in your parlour seem empty and bare?
   D7   Dm7 G7
Do you gaze at your doorstep and picture me there?
    C   Em
Is your heart filled with pain?
   D7
Shall I come back again?
   Dm7   G7   C G7
Tell me dear are you lonesome tonight.

Monologue

 C   Em Am
I wonder if you're lonesome tonight.

You know someone said "The world's a stage
  C7
And each must play a part…"

                    F
Fate had me playing in love with you as my sweetheart.

Act One was where we met,
G7
I loved you at first glance.

You read your lines so cleverly and never missed a cue.

Then came Act Two:

You seemed to change, you acted strange
C
And why I've never known.
C7
Honey you lied when you said you loved me
F
   And I had no cause to doubt you,
D7
   But I'd rather go on hearing your lies
Dm7   **G7**
   Than to go on living without you.
C   **Em**
   Now the stage is   bare and I'm standing there
D7
   With emptiness all around.
Dm7
   And if you won't come back to me
G7   **C**   **G7**
   Then they can bring the curtain down.

          C   **Em**
Coda   Is your heart filled with pain?

        D7
Shall I come back again?
        Dm7   **G7**   **C**
Tell me dear are you lonesome tonight?

Wooden Heart

Words & Music by
Fred Wise, Ben Weisman, Kay Twomey & Bert Kaempfert

D   G   A7   Em7   D♯dim

Capo first fret

Intro | D G | D G | D G | D   ‖

Verse 1
```
              D             A7
Can't you see I love you,
                  D
Please don't break my heart in two,

That's not hard to do
          Em7         A7      D
'Cause I don't have a wooden heart.
```

Verse 2
```
            D          A7
And if you say goodbye,
               D
Then I know that I would cry,

Maybe I would die
          Em7         A7      D
'Cause I don't have a wooden heart.
```

Bridge 1
```
            A7              D
There's no strings upon this love of mine
          G              D    D♯dim  A7
It was always you from the start.
```

Verse 3
```
            D          A7
Treat me nice, treat me good,
              D
Treat me like you really should

'Cause I'm not made of wood,
      Em7         A7      D
And I don't have a wooden heart.
```

Verse 4

𝟙﹘ Muss i denn, muss i denn
D   **A⁷**

D
Zum Städele hinaus,

Stadtele hinaus
       Em⁷   **A⁷**   **D**
Und du, mein Schat, bleibst hier? 𝟙

Bridge 2

         A⁷   **D**
There's no strings upon this love of mine
     G   **D**   **D♯dim**   **A⁷**
It was always you from the start.

Verse 5

       D   **A⁷**
Sei mir gut, sei mir gut
      D
Sei mir wie du wirklich sollst,

Wie du wirklich sollst,
      Em⁷   **A⁷**   **D**
'Cause I don't have a wooden (heart.)

Coda

| **D**   **G** | **D**   **G** | **D**   **G** | **D**   **A⁷**   **D** |
heart.

Surrender

Original Italian Words by G.B. De Curtis.
Music by E. De Curtis
English Words & Adaptation by Doc Pomus & Mort Shuman

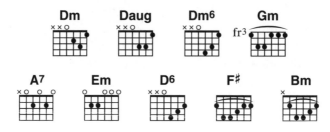

Capo first fret

Intro   ‖: Dm   Daug │ Dm6   Daug :‖   *Play 3 times*

Verse

Dm Daug   Dm6   Daug   Dm
   When we kiss my heart's on fire

Gm   Dm
   Burning with a strange desire,

Gm   Dm
   And I know each time I kiss you

A7   Dm
   That your heart's on fire too.

Chorus

N.C.   Em7
So, my darling, please surrender

A7   D6
   All your love so warm and tender,

                Em7
Let me hold you in my arms, dear,

A7   D6
   While the moon shines bright above.

                Em7
All the stars will tell the story

A7   F♯   Bm
   Of our love and all its glory,

Gm   Dm
   Let us take this night of   magic

A7   Dm
   And make it a night of love.

Coda

N.C.   **Em7**
Won't you please surrender to me

A7   **D6**
  Your lips, your arms, your heart, dear.

Gm   **Dm** **A7** **N.C.**
  Be mine forever,   be mine to - (night.)

| **Dm** **Daug** | **Dm6** **Daug** |
- night.

‖: **Dm** **Daug** | **Dm6** **Daug** :‖ *Repeat to fade*

(Marie's The Name)
His Latest Flame

Words & Music by
Doc Pomus & Mort Shuman

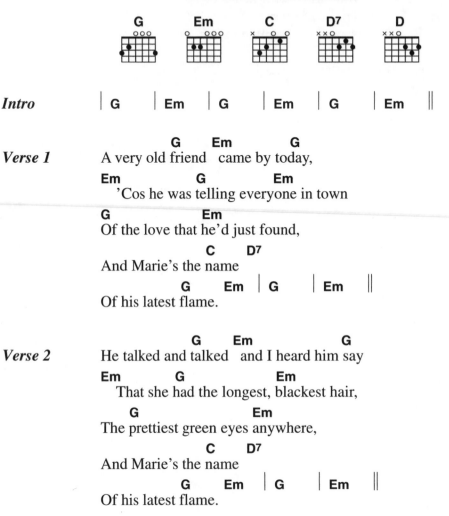

Intro | G | Em | G | Em | G | Em   ‖

                            G   Em   G

Verse 1   A very old friend   came by today,

Em   **G**   **Em**
  'Cos he was telling everyone in town

G   **Em**
Of the love that he'd just found,

                 C   **D7**
And Marie's the name

               G   **Em** | **G** | **Em**   ‖
Of his latest flame.

                         G   **Em**   **G**

Verse 2   He talked and talked   and I heard him say

Em   **G**   **Em**
  That she had the longest, blackest hair,

 G   **Em**
The prettiest green eyes anywhere,

                 C   **D7**
And Marie's the name

               G   **Em** | **G** | **Em**   ‖
Of his latest flame.

Bridge 1

```
D                    C              D        C
Though I smiled the tears inside were burning,
   D              C            D   C
I wished him luck and then he said goodbye.
D            C              D        C
He was gone but still his words kept returning,
   D            C          G    Em │ G      │ Em     ‖
What else was there for me to do but cry.
```

Verse 3

```
              G    Em      G
Would you believe   that yesterday
Em          G              Em
   This girl was in my arms and swore to me
G          Em
She'd be mine eternally,
              C     D7
And Marie's the name
              G      Em │ G    │ Em    ‖
Of his latest flame.
```

Bridge 2   As Bridge 1

Verse 4

```
              G    Em      G
Would you believe   that yesterday
Em          G              Em
   This girl was in my arms and swore to me
G          Em
She'd be mine eternally,
              C     D7
And Marie's the name
              G      Em │ G      │
Of his latest flame.
```

Coda

```
‖: Em                  C     D7
     Yeah Marie's the name
              G
Of his latest flame.   :‖   Repeat to fade
```

Can't Help Falling In Love

Words & Music by
George David Weiss, Hugo Peretti & Luigi Creatore

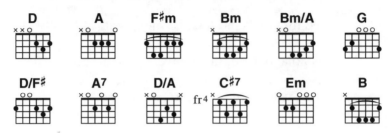

Intro

| D   A | D   A   ‖

Verse 1

D   F#m Bm
Wise men say

Bm/A   G   D/F# A7
Only fools rush in

   G   A   Bm
But I   can't help

G   D/A A7   D
Falling in love with you.

Verse 2

D   F#m Bm
Shall I   stay,

Bm/A   G D/F# A7
 Would it be a   sin,

   G A   Bm G   D/A A7   D
If I   can't help falling in love with you?

Bridge 1

F#m   C#7
Like a river flows

F#m   C#7
 Surely to the sea,

F#m   C#7
Darling so it goes:

F#m   B   Em A7
Some things are meant to be.

Verse 3

D   F♯m Bm
Take my   hand,

Bm/A   G   D/F♯ A7
Take my whole life   too,

**   G A   Bm G   D/A A7   D**
For I   can't help falling in love with you.

Bridge 2

F♯m   C♯7
Like a river flows

F♯m   C♯7
 Surely to the sea,

F♯m   C♯7
Darling so it goes:

F♯m   B   Em A7
Some things   are meant to be.

Verse 4

D   F♯m Bm
Take my   hand,

Bm/A   G   D/F♯ A7
Take my whole life   too,

**   G A   Bm G   D/A A7   D**
For I   can't help falling in love with you,

**   G A   Bm G   D/A A7   D**
For I   can't help falling in love with you.

Good Luck Charm

Words & Music by
Aaron Schroeder & Wally Gold

A7   D7   G   C

Intro

    A7   **D7**   **G**
Ah-huh-huh, ah-huh-huh, ah-huh-huh, oh yeah.

Verse 1

G   **C**
Don't wanna four leaf clover,
G   **D7**
Don't wanna an old horse shoe.
G   **C**
Want your kiss 'cause I just can't miss
        D7   **G**
With a good luck charm like you.

Chorus 1

N.C.   **D7**   **G**
C'mon and be my little good luck charm, ah-huh-huh,

You sweet delight.
       D7
I wanna good luck charm

A-hanging on my arm
   A7   **D7**   **G**
To have (to have,) to hold, (to hold,) tonight.

Verse 2

G   **C**
Don't wanna silver dollar,
G   **D7**
Rabbit's foot on a string,
  G   **C**
My happiness and your warm caress
  D7   **G**
No rabbit's foot can bring.

Chorus 2

    N.C.   D7   G
C'mon and be my little good luck charm, ah-huh-huh,

You sweet delight.
           D7
I wanna good luck charm

A-hanging on my arm
      A7   D7   G
To have (to have,) to hold, (to hold,) tonight.

Link

            A7   D7   G
Ah-huh-huh, ah-huh-huh, ah-huh-huh, oh yeah.
            A7   D7   G
Ah-huh-huh, ah-huh-huh, tonight.

Verse 3

      G   C
If I found a lucky penny
      G   D7
I'd toss it across the bay.
      G   C
Your love is worth all the gold on Earth,
    D7   G
No wonder that I say;

Chorus 3

    N.C.   D7   G
C'mon and be my little good luck charm, ah-huh-huh,

You sweet delight.
           D7
I wanna good luck charm

A-hanging on my arm
      A7   D7   G
To have (to have,) to hold, (to hold,) tonight.

Coda

            A7   D7   G
Ah-huh-huh, ah-huh-huh, ah-huh-huh, oh yeah.
                                       Fade out

She's Not You

Words & Music by
Jerry Leiber, Mike Stoller & Doc Pomus

F   C7   B♭   C   A   F7   A7

Verse 1

N.C.   F   C7
Her hair is soft and her eyes are oh so blue,
            B♭   C7
She's all the things a girl should be,
                    F   C
But she's not you.

Verse 2

N.C.   F   C7
She knows just how to make me laugh when I feel blue.
            B♭   C7
She's ev'rything a man could want,
                    F   B♭ F
But she's not you.

Bridge 1

            A
            And when we're dancing
    F7
            It almost feels the same,
    B♭
            I've got to stop myself from
    A7 N.C.
            Whisp'ring your name.

Verse 3

N.C.   F   C7
She even kisses me like you used to do.
                B♭   C7
And it's just breaking my heart
                        F   C
'Cause she's not you.

Piano solo | **F** | **F** | **C7** |

C7   **N.C.**   **B♭**   **C7**
   And it's just breaking my heart

               F   **B♭** **F**
'Cause she's not you.

   A

Bridge 2   And when we're dancing

   F7
    It almost feels the same,

   B♭
    I've got to stop myself from

   A7 N.C.
    Whisp'ring your name.

   N.C.   **F**   **C7**

Verse 4   She even kisses me like you used to do.

            B♭   **C7**
And it's just breaking my heart

             F   **B♭**
'Cause she's not you.

F   **B♭**   **C7**
   And it's just breaking my heart

             F   **B♭** **F**
'Cause she's not you.

Return To Sender

Words & Music by
Otis Blackwell & Winfield Scott

C   Am   Dm7   G7   F   C7   D7   G

Capo third fret

Intro

    C   Am
    Return to sender,

    Dm7   G7
    Return to sender.

Verse 1

    C   Am
    I gave a letter to the postman,

    Dm7   G7
    He put it in his sack.

    C   Am
    Bright and early next morning

     Dm7   G7   C
    He brought my letter back.

    N.C.
    (She wrote upon it:)

Chorus 1

    F   G7
    Return to sender,

    F   G7
    Address unknown,

    F   G7
    No such number,

    C   C7
    No such zone.

    F   G7
    We had a quarrel,

    F   G7
    A lovers' spat.

    D7   G
    I write I'm sorry but my letter keeps coming back.

Verse 2

    C   Am
    So then I dropped it in the mailbox,

Dm⁷   G⁷
And sent it special D

    C   Am
    Bright and early next morning

     Dm⁷   G⁷   C
It came right back to me.

N.C.
(She wrote upon it:)

Chorus 2

    F   G⁷
    Return to sender,

    F   G⁷
    Address unknown,

    F   G⁷
    No such person,

    C   C⁷
    No such zone.

Bridge

    F
    This time I'm gonna take it myself

      C
And put it right in her hand,

      D⁷
And if it comes back the very next day

G
Then I'll understand.

N.C.
(The writing in it.)

Chorus 3

    F   G⁷
    Return to sender,

    F   G⁷
    Address unknown,

    F   G⁷
    No such number,

    C   C⁷
    No such zone.

Chorus 4   ‖: F   G⁷
                  Return to sender. :‖ *Repeat to fade*

(You're The) Devil In Disguise

Words & Music by
Bill Giant, Bernie Baum & Florence Kaye

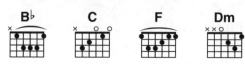

Intro | B♭ C | F ||

Pre-chorus 1
F
You look like an angel, walk like an angel,
B♭   C
Talk like an angel, but I got wise.

Chorus 1
N.C.   F
You're the devil in disguise,
          Dm
Oh yes you are,
              F   Dm
The devil in disguise, hm-mm-mm.

Verse 1
F
    You fooled me with your kisses,
Dm
    You cheated and you schemed.
F   Dm
Heaven knows how you lied to me,
      B♭   C   F
You're not the way you seemed.

Pre-chorus 2
F
You look like an angel, walk like an angel,
B♭   C
Talk like an angel, but I got wise.

Chorus 2
N.C.   F
You're the devil in disguise,
          Dm
Oh yes you are,
              F   Dm
The devil in disguise, hm-mm-mm.

Verse 2

     F
      I thought that I was in heaven

Dm
     But I was sure surprised.

F   **Dm**
Heaven help me, I didn't see

      B♭   **C**   **F**
The devil in your eyes.

Pre-chorus 3

        F
You look like an angel, walk like an angel,

B♭   **C**
Talk like an angel, but I got wise.

Chorus 3

N.C.   **F**
You're the devil in disguise,

        Dm
Oh yes you are,

             F   **Dm**
The devil in disguise, hm-mm-mm.

Solo

| **F** | | **F** | | **Dm** | | **Dm** | | |

| **F** | | **Dm** | | **B♭** **C** | | **F** | | |

Chorus 4

N.C.   **F**
You're the devil in disguise,

        Dm
Oh yes you are,

             F   **Dm**
The devil in disguise, hm-mm-mm.

Coda

               F
‖: The devil in disguise,

        Dm
Oh yes you are. :‖ *Repeat to fade*

Crying In The Chapel

Words & Music by
Artie Glenn

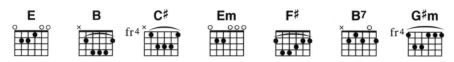

Verse 1

    N.C.   **E**
You saw me crying in the chapel,

                            B
The tears I shed were tears of joy,

                     C♯
I know the meaning of contentment

Em   **F♯**   **B**   **E** **B**
Now I'm happy with the Lord.

Verse 2

    N.C.   **E**
Just a plain and simple chapel

                         B
Where humble people go to pray.

                     C♯
I pray the Lord that I'll grow stronger

Em   **F♯**   **B**   **E** **B** **B7**
As I live from day to day.

Bridge 1

       E   **Em**
I've searched and I've searched

  B   **G♯m**
But I couldn't find

  C♯
No way on earth

         F♯
To gain peace of mind.

Verse 3

    N.C.   E
Now I'm happy in the chapel
                             B
Where people are of one accord.
                C♯
Yes we gather in the chapel
Em   F♯   B   E B B7
  Just to sing and praise the Lord.

Bridge 2

            E   Em
You'll search and you'll search
     B   G♯m
But you'll never find
    C♯
No way on earth
             F♯
To gain peace of mind.

Verse 4

    N.C.   E
Take your troubles to the chapel,
                       B
Get down on your knees and pray,
                C♯
Then your burdens will be lighter
Em   F♯   B
  And you'll surely find the way

(And you'll surely find the way).

In The Ghetto

Words & Music by
Mac Davis

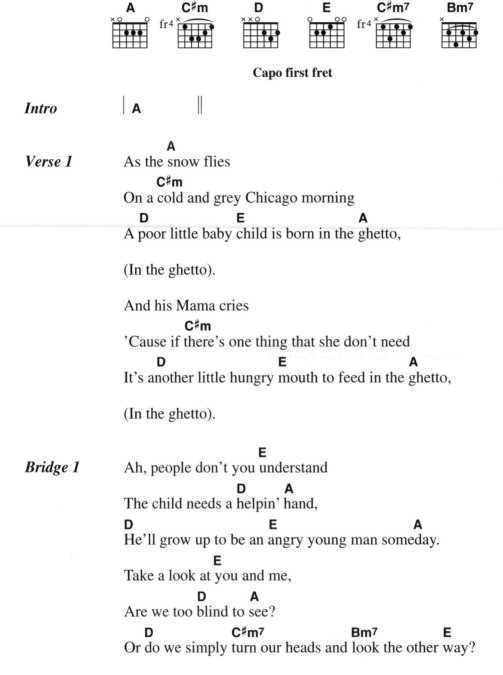

A   C#m   D   E   C#m7   Bm7

Capo first fret

Intro | **A** ‖

Verse 1

       A
As the snow flies
    C#m
On a cold and grey Chicago morning
   D   **E**   **A**
A poor little baby child is born in the ghetto,

(In the ghetto).

And his Mama cries
          C#m
'Cause if there's one thing that she don't need
       D   **E**   **A**
It's another little hungry mouth to feed in the ghetto,

(In the ghetto).

Bridge 1

                   E
Ah, people don't you understand
             D   **A**
The child needs a helpin' hand,
D   **E**   **A**
He'll grow up to be an angry young man someday.
          E
Take a look at you and me,
       D   **A**
Are we too blind to see?
   D   **C#m7**   **Bm7**   **E**
Or do we simply turn our heads and look the other way?

Verse 2
        A
Well the world turns
       C♯m
And a hungry little boy with a runny nose
D   **E**   **A**
Plays in the street as the cold wind blows in the ghetto,

(In the ghetto).

And his hunger burns
       C♯m
So he starts to roam the streets at night
        D   **E**
And he learns how to steal and he learns how to fight
     A
In the ghetto, (in the ghetto).

       E
Bridge 2   Then one night in desperation
       D   **A**
The young man breaks away:
      D   **C♯m**
He buys a gun, steals a car,
Bm7   **E**
Tries to run but he don't get far,
        D
And his Mama cries.
      C♯m
As a crowd gathers round an angry young man
      D   **E**
Face down in the street with a gun in his hand
     A
In the ghetto, (in the ghetto).

Verse 3   And as her young man dies
      C♯m
On a cold and grey Chicago morning
  D   **E**   **A**
Another little baby child is born in the ghetto,

(In the ghetto).

And his mother cries (in the ghetto).

(In the ghetto). ‖: **A**   :‖   *Repeat to fade*

Suspicious Minds

Words & Music by
Francis Zambon

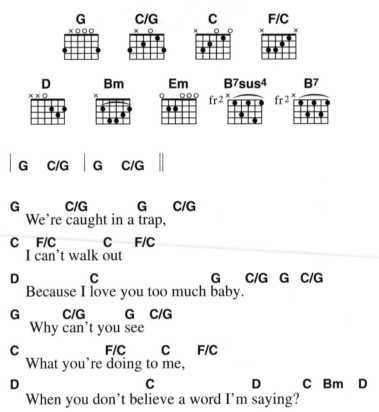

Intro

| G   C/G | G   C/G ‖

Verse 1

G   C/G   G   C/G
    We're caught in a trap,

C   F/C   C   F/C
    I can't walk out

D   C   G   C/G G   C/G
    Because I love you too much baby.

G   C/G   G   C/G
    Why can't you see

C   F/C   C   F/C
    What you're doing to me,

D   C   D   C Bm D
    When you don't believe a word I'm saying?

Chorus 1

C   G   Bm   C   D
    We can't go on together   with suspicious minds

Em   Bm   C   D
    And we can't build our dreams   on suspicious minds.

Verse 2

G   C/G   G   C/G
    So if an old friend I know

C   F/C   C F/C
    Stops by to say hello

D   C   G   C/G G C/G
    Would I still see suspicion in your eyes?

G   C/G G   C/G
    Here we go   again

C   F/C   C   F/C
    Asking where I've been,

D   C   D   C Bm D
    You can't see the tears are real I'm crying.

Chorus 2

```
       C              G            Bm                      C     D
       We can't go on together   with suspicious minds
       Em            Bm                   C               B⁷sus⁴  B⁷
       And we can't build our dreams   on suspicious minds.
```

Bridge

```
       Em            Bm          C           D
       Oh let our love survive,   I'll dry the tears from your eyes
       Em                    Bm
       Let's don't let a good thing die
       C                        D            G           C
       When honey, you know I've never   lied to you, hmmm-mmm,
       G       D
       Yeah, yeah.
```

Verse 3

```
       G       C/G        G    C/G
       We're caught in a trap,
       C   F/C        C    F/C
       I can't walk out
       D           C                    G     C/G  G  C/G
       Because I love you too much baby.
       G       C/G        G   C/G
        Why can't you see
       C                 F/C      C    F/C
       What you're doing to me,
       D                      C               G       C/G  G  C/G
       When you don't believe a word I'm saying.
```

Ah don't you know…

Verse 4 ‖: As Verse 3 :‖ *Repeat to fade*

The Wonder Of You

Words & Music by
Baker Knight

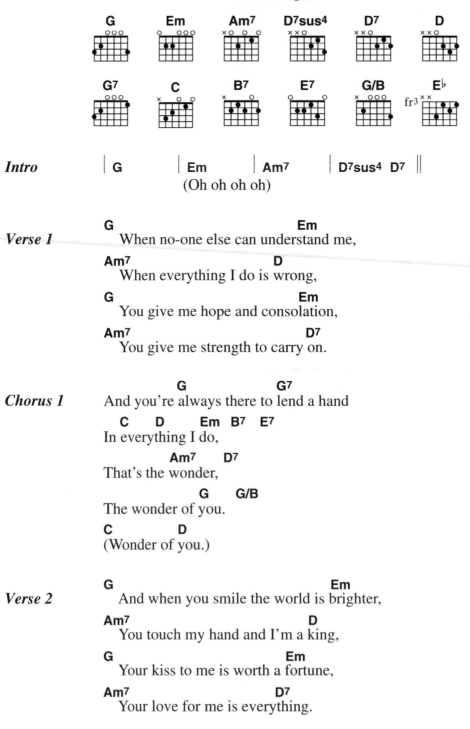

Intro
| G | Em | Am7 | D7sus4 D7 ||
(Oh oh oh oh)

Verse 1

G   Em
When no-one else can understand me,

Am7   D
When everything I do is wrong,

G   Em
You give me hope and consolation,

Am7   D7
You give me strength to carry on.

Chorus 1

                    G   G7
And you're always there to lend a hand

          C   D   Em B7 E7
In everything I do,

                    Am7   D7
That's the wonder,

                    G   G/B
The wonder of you.

          C   D
(Wonder of you.)

Verse 2

G   Em
And when you smile the world is brighter,

Am7   D
You touch my hand and I'm a king,

G   Em
Your kiss to me is worth a fortune,

Am7   D7
Your love for me is everything.

Chorus 2

```
              G                      G7
I guess I'll never know the reason why
        C        D      Em  B7  E7
You love me as you do.
              Am7      D7
That's the wonder,
                     G    Em  C  D
The wonder of you.
```

Solo

```
| G         | Em          | Am7       | D           |
              (Oh oh oh oh)             (Oh oh oh

| G         | Em          | Am7       | D7          ‖
 oh)          (Oh oh oh oh)
```

Chorus 3

```
              G                      G7
I guess I'll never know the reason why
        C        D      Em  B7  E7
You love me as you do.
              Am7      D7
That's the wonder,
                     G    C  E♭  G
The wonder of you. _____
```

Burning Love

Words & Music by
Dennis Linde

D   Dsus4   G   A   Bm

Intro | D Dsus4 D | D Dsus4 D | D Dsus4 D | D Dsus4 D ‖

Verse 1

    D   G   A   D
Lord Almighty, I feel my temperature rising

                   G   A   D
Higher and higher, it's burning through my soul.

                 G   A   D
Girl, girl, girl, girl, you're gonna set me on fire,

                   G   A   D
My brain is flaming, I don't know which way to go, yeah.

Chorus 1

    Bm   A   G
Your kisses lift me higher,

          Bm   A G
Like the sweet song of a choir.

    Bm   A   G
You light my morning sky

      A   D   Dsus4 D | D Dsus4 D ‖
With burning love.

Verse 2

    D   G   A   D
Ooh ooh ooh ooh, I feel my temperature rising,

                 G   A   D
Help me I'm flaming, I must be one hundred and nine.

               G   A   D
Burning, burning, burning and nothing can cool me, yeah,

             G   A   D
I just might turn to smoke but I feel fine.

Chorus 2   As Chorus 1

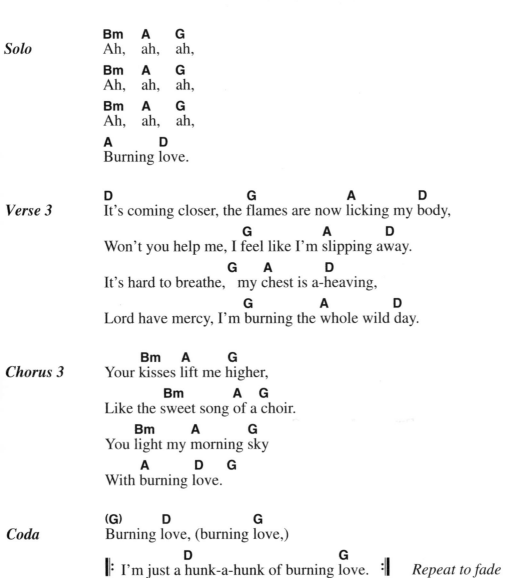

Solo

Bm   A   G
Ah, ah, ah,

Bm   A   G
Ah, ah, ah,

Bm   A   G
Ah, ah, ah,

A   D
Burning love.

Verse 3

D   G   A   D
It's coming closer, the flames are now licking my body,

                       G   A   D
Won't you help me, I feel like I'm slipping away.

                G   A   D
It's hard to breathe,   my chest is a-heaving,

                 G   A   D
Lord have mercy, I'm burning the whole wild day.

Chorus 3

       Bm   A   G
Your kisses lift me higher,

          Bm   A G
Like the sweet song of a choir.

       Bm   A   G
You light my morning sky

       A   D   G
With burning love.

Coda

(G)   D   G
Burning love, (burning love,)

             D   G
‖: I'm just a hunk-a-hunk of burning love. :‖   *Repeat to fade*

Way Down

Words & Music by
Layng Martine, Jr.

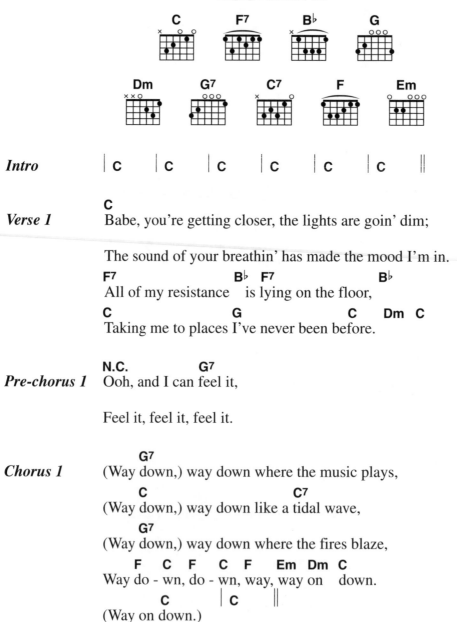

Intro | C | C | C | C | C | C ||

Verse 1

C
Babe, you're getting closer, the lights are goin' dim;

The sound of your breathin' has made the mood I'm in.
F7   **B♭** **F7**   **B♭**
All of my resistance   is lying on the floor,
C   **G**   **C** **Dm** **C**
Taking me to places I've never been before.

Pre-chorus 1

N.C.   **G7**
Ooh, and I can feel it,

Feel it, feel it, feel it.

Chorus 1

       G7
(Way down,) way down where the music plays,
     C   **C7**
(Way down,) way down like a tidal wave,
       G7
(Way down,) way down where the fires blaze,
   F   **C**   **F**   **C** **F**   **Em** **Dm** **C**
Way do - wn, do - wn, way, way on   down.
         C | **C** ||
(Way on down.)

Verse 2
```
       C
Ooh, my head is spinnin', you got me in your spell,

A hundred magic fingers on a whirling carousel.
      F7                 Bb   F7                    Bb
The medicine within me    no doctor could prescribe,
       C                    G          C    Dm  C
Your love is doing something that I just can't describe.
```

Pre-chorus 2
```
      N.C.          G7
Ooh, and I can feel it,

Feel it, feel it, feel it.
```

Chorus 2
```
      G7
(Way down,) way down where the music plays,
      C                    C7
(Way down,) way down like a tidal wave,
      G7
(Way down,) way down where the fires blaze,
      F   C   F   C   F   Em  Dm  C
Way do - wn, do - wn, way, way on   down.
          C
(Way on down.)
```

| C | C | C | C | ‖ |

Bridge
```
C
Hold me again as tight as you can,

I need you so, baby, let's go.
```

Chorus 3
```
      G7
(Way down,) way down where it feels so good,
      C                    C7
(Way down,) way down where I hoped it would,
      G7
(Way down,) way down where I never could.
      F   C   F   C   F   Em  Dm  C
Way do - wn, do - wn, way, way on   down,

Way on down.

(Way on down.)
```

A Little Less Conversation

Words & Music by
Billy Strange & Scott Davis

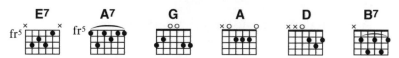

| E7 | A7 | G | A | D | B7 |

Intro | E⁷ A⁷ | E⁷ A⁷ | E⁷ A⁷ | E⁷ |

Chorus 1

E⁷   A⁷
A little less conversation,

                E⁷   A⁷
A little more action please,

E⁷   A⁷   E⁷   A⁷
All this aggravation ain't satisfactioning me.

 E⁷   G
A little more bite and a little less bark,

 A   D
A little less fight and a little more spark.

                E⁷   A⁷
Close your mouth and open up your heart,

                E⁷   A⁷
And baby satisfy me.

         E⁷   A⁷
Satisfy me baby.

Verse 1

E⁷   A⁷
Baby close your eyes and listen to the music,

E⁷   A⁷
Dig to the summer breeze.

E⁷   A⁷
It's a groovy night and I can show you how to use it,

E⁷   A⁷
Come along with me and put your mind at ease.

Chorus 2   As Chorus 1

	E⁷
Middle	Come on baby I'm tired of talking,

E⁷

Grab your coat and let's start walking,

E⁷

Come on, come on, (come on, come on)

G

Come on, come on. (Come on, come on)

A

Come on, come on. (Come on, come on)

B⁷

Don't procrastinate, don't articulate,

Girl it's getting late,

And you just sit and wait around.

Chorus 3   As Chorus 1 *to fade*

Relative Tuning

The guitar can be tuned with the aid of pitch pipes or dedicated electronic guitar tuners which are available through your local music dealer. If you do not have a tuning device, you can use relative tuning. Estimate the pitch of the 6th string as near as possible to E or at least a comfortable pitch (not too high, as you might break other strings in tuning up). Then, while checking the various positions on the diagram, place a finger from your left hand on the:

5th fret of the E or 6th string and **tune the open A** (or 5th string) to the note Ⓐ

5th fret of the A or 5th string and **tune the open D** (or 4th string) to the note Ⓓ

5th fret of the D or 4th string and **tune the open G** (or 3rd string) to the note Ⓖ

4th fret of the G or 3rd string and **tune the open B** (or 2nd string) to the note Ⓑ

5th fret of the B or 2nd string and **tune the open E** (or 1st string) to the note Ⓔ

E	A	D	G	B	E
or	or	or	or	or	or
6th	5th	4th	3rd	2nd	1st

Head

Nut

1st Fret

2nd Fret

3rd Fret

4th Fret

5th Fret

Reading Chord Boxes

Chord boxes are diagrams of the guitar neck viewed head upwards, face on as illustrated. The top horizontal line is the nut, unless a higher fret number is indicated, the others are the frets.

The vertical lines are the strings, starting from E (or 6th) on the left to E (or 1st) on the right.

The black dots indicate where to place your fingers.

Strings marked with an O are played open, not fretted. Strings marked with an X should not be played.

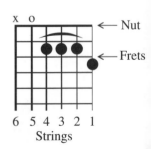

The curved bracket indicates a 'barre' – hold down the strings under the bracket with your first finger, using your other fingers to fret the remaining notes.

1/07(60814)